어머니는 이제 국수를 먹지 않는다

어머니는 이제 국수를 먹지 않는다

초판 1쇄 발행	2023년 7월 25일
초판 2쇄 발행	2023년 8월 25일

지은이	전종호
발행인	권희정
발행처	중앙&미래

등록번호	제 406-2020-000117호
주소	경기도 파주시 청석로 300
전화	1588-1312
팩스	031)973-0404
이메일	jclee63kr@naver.com

출판기획	이정철, 이강렬
디자인	다솜플러스

ISBN 979-11-983722-8-4 03800
정가 12,000원

※이 책은 저작권법에 의하여 보호를 받는 저작물이므로 무단전재 및 복제를 금합니다.
※이 책은 전부 또는 일부를 이용하려면 저작권자와 출판사의 동의를 받아야합니다.

어머니는 이제 국수를 먹지 않는다

| 시인의 말

부끄러운 시업詩業

시를 쓰느라 밤새 시답잖은 시간을 보내고
시詩다운 것과 시답지 않은 것 속에서
허우적거리는 시간을 돌아보는 아침
슴벅슴벅 굴리는 눈알이 편치 않다

시를 쓴다는 게 고상한 것 같아도
시인이라는 사람들 저 좋아서 먹고
떠들다 노래하고 쏟아낸
배설물을 치우는 것은 아닌가 몰라

한 편의 시를 쓰고 한 권의 시집을 묶어
남을 읽게 하는 일이란
남의 귀한 시간과 돈과 여력을 빼앗는
되갚을 수 없는 헛지랄은 아닌가 몰라

시를 쓰고 시를 읽는 일이란 게 한심하게도
한 주먹의 통찰도 위로도 쓸모도 없는
쓰는 자 혼자의 기만과 만족이 아닐까 몰라
어쭙잖은 시인의 등줄기에 식은땀이 흐른다

| 차례

시인의 말 · 부끄러운 시업詩業 · 4

제1부 · 시간은 폐허의 흔적 속에 있다

길을 찾아서 · 13
고사리 장마 · 14
동강에서 비를 피하며 · 15
오대산에 가면 · 16
배낭 · 18
하늘 · 20
캐슬 공화국 · 22
선림원터 · 24
수산 산수 · 25
선문답 · 26
썰물 · 27
돌탑 · 28
해우소에서 열반에 들다 · 30
자작나무숲에서 · 32
강물은 슬픔처럼 · 34
산막이옛길 · 36
여수행 완행열차 · 38
연북정 독백 · 40
종달리 해녀 · 42

콜로세움에서 · 45
포로 로마노 · 48
알프스 · 50

제2부 · 단풍 들면 나 혼자 이 가을을 또 어찌하랴

웃거름 · 55
가을이라고 울지 마라 · 56
틈 · 58
엽서의 목소리 · 60
발 · 61
초겨울 · 62
인연 · 64
솜틀집 카페에서 · 66
높은 뜻을 품고 산다면 · 68
거짓말 또는 불가능한 것들 · 70
잡담 · 72
공감 · 74
어떤 하루 · 76
시인이라는 짓 · 78
해탈 · 80
호명 · 81
고전 · 82

| 차례

이장移葬 · 83
불가사의 · 84
조개젓 · 86
그래도 봄, 2020 · 87
냉장고를 청소하면서 · 88
마음속 암자 하나 · 90
찻잎 단상 · 92

제3부 · 내리비추는 빛을 올려다보는 눈처럼

사랑은 · 97
대들보를 올리며 · 98
자본주의여 만세 · 100
허망한 날 아침에 · 102
"따옴표" 인생 · 103
해븐리 병원 · 104
살다 보면 · 106
코로나 이후 아이들이 오다 · 108
장마 · 110
멈추어야 할 때 · 112
'평등' 마스크 · 114
부부 · 116
춤추며 가리라 · 118

잠에서 깨어서 맞는 달 · 120

우산 · 122

늙은 선풍기 · 124

비염 · 126

자반 고등어 한 손 · 128

뜻밖에 · 130

예순 · 132

손녀 어록 · 134

어머니는 이제 국수를 먹지 않는다 · 136

하품 · 138

마감 · 140

죽음에 대하여 · 142

파연破緣 · 145

면도 · 146

신호등 앞에서 · 148

영원한 진심의 시, 언제까지라도 참 마음에서 시작하고
끝이 난다 – 이낭희 · 150

제1부

시간은 폐허의 흔적 속에 있다

길을 찾아서

풀씨처럼 가볍게 땅에 떨어져
바위보다 억센 목숨으로
안개 속을 뚫고 우리는
각자 자기 길을 걸어가는 것이다
길은 보이지 않고
세상은 적막 속에 쌓여 있다
곁에 손 뻗어 잡을 벗 하나
곁에 있으면 좋으련만
외로움만이 벗이 되리라
밥 말고도 약간의 온기가 필요하지만
온전한 어둠뿐이다
사는 일이란 결국 가만히 눈을 뜨고
다가오는 빛을 찾아 더듬어 갈 뿐
오직 할 수 있는 일은
운명을 끌어안고
자신을 찾아 먼 길을 떠나는 것이다
쉽게 안주하지 말라

고사리 장마

사는 일에는 때가 있고
때를 맞추어 뜻을 세우듯

꽃이 피고 새가 울어
순한 바람의 시절을 골라

한 날 한 시
땅의 안과 밖에서 서로 똑똑

가시덤불 언 땅을 촉수로 잡고
털 보숭이 고개를 슬며시 쳐들 때

메마른 화산재를 적시는 초록비
땅과 하늘 마주 서 합장하는 고사리 장마

동강에서 비를 피하며

강가에 앉아 물소리를 듣습니다
강은 물 물 물 하면서 큰 소리로 흘러갑니다
외씨버선길 걷다 호우에 갇힌 밤
툇마루에 앉아 혼자 빗소리를 들었습니다
세상은 온통 빗소리 안으로 가라앉는 밤
펄은 다 물속에 잠기고
저녁나절 어른들 강둑에 서서
헛농사 웅성웅성 담배 연기 빈 걸음 자욱하던
어릴 적 큰물 난 금강 마을이 떠오르는 것은
까닭없는 일입니다
아침 동강에 앉아
어느 날 어린아이 몸속에 남아 유전된 불안을
도저한 흐름에 던지고 있습니다

오대산에 가면

오대산에 가면 새벽 일찍 일어나
전나무숲길을 걸을 일이다
숲에서는 절대 키와 나이는 재지 말고
숲길을 지나는 바람 소리에 귀 기울일 일이다
바람은 발이 없어서 빠르고
말이 없어도 통하지 않는 법이 없으니
바람 한 주먹 깊이 들이마실 일이다

턱 하나 없는 무장애 평탄한 길에서
숨소리를 들으며 숨결의 폭을 따라 걷고
마음이 움직이면 신발 끈을 풀어
숲의 평온을 받아들이고
맨발로 땅의 가피加被를 느껴볼 일이다

오대산에 오면 저녁 어스름이 내릴 때
선재길 여울 어딘가에 쪼그리고 앉아
차오르는 물소리의 말씀을 들을 일이다

물은 색이 없고 모양도 없으나
쉼이 없고 거침이 없으니
끌고 온 속울음을 억센 물살에 던질 일이다

세상은 깜깜하고 고요 속에 물소리 홀로 밝은데
홀연히 선재 동자 나타나 길을 보여줄 것이니
운 좋아 월정사 너머 만월산에 달이 걸리고
달을 따라 달맞이꽃 한두 송이 피어난다면
쌓을 수 없는 것이 시간뿐이겠냐마는
지나간 기억 같은 건 모아놓지 말고
꽃의 춤을 따라 함께 환하게 웃을 일이다

꽃내음이 코를 찔러 아는 체 하거든
무명의 풀꽃들 은밀한 민원을 가슴에 새기고
오대산에서는 오로지 낮은 자세로
흐르는 물소리의 진언眞言에 무릎을 꿇고
오대천 물소리 한 바가지 떠안고 돌아올 일이다

배낭

잘 가시게 나의 벗이여
닳고 찢어지고 끊어져서
더는 곁에 두고 맬 수 없는 배낭을
푸른 산 구름 너머 하늘로 보내야 한다

알 수 없는 길 위의 한숨과
하는 것마다 낭패인 일들의 식은땀과
산에 오를 때 비 오듯 솟아나는 불안을
군말 없이 오롯이 온몸으로 받아주었다

춥고 쓸쓸한 삶의 구간을 함께 걸으며
감당할 수 없는 목메임과 비통함으로
세상이 적막 속에 갇혀 있을 때
등 뒤에 매달려 갈 길을 알려주었다

학교나 시장 가는 일상의 길목에서
천상의 화원 백두산 야생화밭에서

끝없이 흘러가는 히말라야 구름 길에서
고락을 함께 하는 도반이 되어 주었다

시간이 되면 누구나 떠나야 하고
이제 우리의 차례가 되었으니 잘 가시게
한세상 구김 없이 잘 살다 가노라 친구여
곧 새털처럼 가볍게 그대를 따를 것이다

하늘

사람은 저마다 제 하늘을 닮고 산다
푸른 하늘 흰 구름을 이고 사는 것이다

여여(如如)한 히말라야 하늘마을 사람들은
아직 선한 눈빛을 잃지 않았다

가난했던 어린 시절
산 노루같이 순한 눈망울은

자본의 시대
눈에 핏발이 서면서 빛을 잃었다
바탕을 잃고 하늘빛을 버린 것이다

사람들은 땅을 살지언정
이제 하늘 따위는 올려다보지 않는다

장마가 지나고 모처럼 갠 날
맑은 하늘 한 첩 안으로 들일까 하여
맨발로 운동장을 기웃거리고 있다

캐슬 공화국

친구 따라 강남 간다고 했는데
이제는 강남에는 함께 갈 수 없다
강남은 이미 캐슬 또는 팰리스의 연합체
당신들의 굳건한 성이요 왕궁이다
할아비가 뽕밭을 황금 바다로 만들었고
자식들이 올린 건물에
그 자식들이 높이 앉아
공화국의 야경을 즐기고 있다
다리는 놓여 있지만
사다리는 이미 오래전에 걷혔다
오를 힘이 내게 없을 뿐
캐슬을 지키는 병사는 따로 없다
탐욕의 유전자는 피에서 들끓고
이익을 찾아
온 땅을 헤집고 다니고 있으나
누구나 욕망할 뿐
아무나 소유할 수는 없다

캐슬 밖에는 캐틀이 있다
도달할 수 없는 꿈은 몸에 해롭고
평등 같은 헛꿈은 정신에 좋지 않다
개천에서 함부로 꿈꾸지 마라
꿈은 캐슬의 미덕이고
순응은 캐틀의 덕목이니라

*캐슬(castle), 성
*캐틀(cattle), 짐승

선림원터

절은 없고 터만 남았다
사람은 가고 몇 개 석물만 남았다
금당터 주춧돌 앞에 삼층탑은 서서
두 손 모아 탑을 돌던 비원悲願과
간화선의 치열한 화두를 추억하고
모퉁이에 늙은 소나무 하나
무너진 세월을 내려다보고 있다
나무 그늘 아래 꽃은 지고 피고
앞산의 단풍은 또 피었다 지고
물은 무심코 여울목을 휘돌아 가는데
심산유곡에 세운 높은 뜻은
시간을 건너고 산천을 돌고 흘러서
산 아래 사람들에게 널리 펼쳐졌을까
득도의 열기는 간데없고
미천골 깊어 쌀쌀한 골짜기
석등 홀로 멀리 세상을 바라보고 있다

수산 산수

물과 산도 시간을 건너 쉬어 가는
슬로시티 수산水山에서 걸어 올라

형제봉 산신각에서 바라보면
잔물결 자작이는 청풍호가 앞마당이고

금수산 병풍 아래 가은산 둥지봉을 놓고
크고 작은 산들 어울려 산 품새가 넉넉하다

옥순봉 구담봉 제비봉 어깨 걸고 나란히 서서
흐르는 물 굽어보는 모습 미륵이 따로 없고

큰 산과 인물은 곁에서는 바로 알 수 없어
강 건너 두무산에서 바라보니 산수가 신묘하구나

*충북 제천군 수산면 청풍호 마을

선문답

무슨 고민 있슈 아 없는데요
왜 제 얼굴에 뭐라고 써 있나요
아뉴 그건 아니고 이 한겨울에 남자 혼자
깊은 산골을 헤매면 이유가 뻔허쥬
꼭 그런 건 아니고 속상한 일은 좀 있었지요
내려 놔유 세상 사는 거 뭐 별거 있슈
저도 사는 일 힘들어 세상 버리고
깊은 산골에서 약풀이나 뽑으며
금수산 자락 능강계곡에 사는 늙은이
도사다 말하지 않아도 한 번 보면 안다
어려운 이론도 논리도 없고
심리학도 관상도 명리학도 모르지만
장광설은 아니다 짧고 명쾌하다
아픔은 아픔이 눈치채고
상처는 상처가 알아보는 법
단순하게 살면 인간사 바로 보이는갑다

썰물

작전作戰처럼 수평선을 넘어와
연안까지 차지한 바다의 진격에
들이닥친 물참의 포만胞滿은 끝났다

하루 두 번씩 죽고 서는 바다의 생애에
들며 나는 물길을 따르지 못한 것들
뻘밭 개자리를 찾아 숨어들고

저녁놀 한 다발 끌어안고 돌아서는
희끗희끗 숫기 없는 머리카락
까치발로 썰물을 굽어보며

물 물리는 바다여
어디 먼 데서
누가 손 까부르며 부르는가

돌탑

비단에 수놓은 듯 아름답다 하여 금수산錦繡山
맑고 향기로운 절 정방사淨芳寺를 바라보며
숨은 숲 안에 돌탑들 머리 숙여 빌고 있다

고개 들면 하늘에 흰 구름이요
허리 굽히면 양지바른 묏등만 보이는 나이
지난날 죄업이 쏟아지는 시냇물 같아

물소리 벗 삼아 등가죽 벗긴 돌 하나하나
놓다 보니 탑이 한 개 두 개 마침내 수십 개
쌓다 보면 저승으로 무지개를 놓을 수 있을까

머리 들면 바로 죽음이라 펴도 잘 펴지지 않는
늙어 휘어진 사과나무 허리 굽은 수형 같은
낡은 육신은 언제쯤 벗어 놓을 수 있을까

산 너머 두고 온 식구들은 잘 있는가
정방사 천수천안 관세음보살의 가피로
숨어 사는 골짝을 벗어나 돌아갈 수 있을까

수십 년 세월 함께 지킨 돌탑에 이끼가 끼고
늙은이 얼굴에도 여기저기 검버섯은 피는데
이승이든 저승이든 돌아갈 배는 오지 않는다

해우소에서 열반에 들다

금수산 허공에 자그만 절 하나가 떠있다
바위를 병풍 삼아 맑고 향기로운 정방사
가난하고 빈 마음으로 계단을 오르면
부처님 앉을 자리에 해우소가 모셔져 있다

먹고 비우며 순환의 일이 하늘의 순리니
감사히 먹고 겸허하게 비울 일이다만
가장 낮은 자리에서 아픈 사랑을 비우고
헛된 욕심을 버리고 집착을 끊어내리라

해우解憂의 처소가 마땅히 부처님의 자리니
팔자 좋은 산에서 관세음의 영험을 빌며
삼동三冬의 근심과 고단한 발품을 내려놓고
편안히 비우는 곳에 자리를 잡고

티끌 하나 구린내 하나 없이
맑은 바람 가득한 발아래 세상

청풍호 달빛 물결을 내려다보고 있으면
부러울 것 없어라 세상의 높고 빛나는 것들

벚꽃 한 닢 미풍에 하늘하늘 이마에 앉으니
지금 순간이 숨을 버릴 때로구나
당장에 목숨을 거둬가도 좋으리라
정방사靜芳寺 해우소에 열반이 열리고 있다

자작나무숲에서

시베리아 자작나무숲이 동사형이었다면
원대리 숲은 수려하고 세밀한 형용사였다

열차가 시베리아 대륙을 횡단하며 지날 때
시베리아 숲은 러시아 병사들의 열병식처럼
얼굴 돌려 거수경례로 희뜩희뜩 스쳐 갔으나

원대리 자작나무숲은 한국군 사열식같이
하늘을 우러러 수십만의 나무가 똑바로 서서
군인처럼 부동자세를 취하고 있었다

하늘을 바라는 수직의 돌격과 직선의 청량
나무 사이 적당한 거리의 균형으로
숲은 선線의 아름다운 질서를 드러내

눈부신 은빛 나무껍질과 머리에 인 초록 잎
하늘의 푸른빛과 땅 위의 붉어가는 단풍이

어울려 숲은 색의 지극$_{至極}$을 달리고

산을 오르고 내리며 지나는 사람들도
사람들의 환호와 탄성도 숲의 요소일 뿐
숲은 사람들을 제 품으로 끌어안고 있다

숲에서 군대를 상상하는 도발을 용서한다면
군인의 절도와 바람의 자유는 동지가 되었다

시베리아를 횡단하던 흰색 바람이
원대리 자작나무숲에 자작자작 불고 있었다

강물은 슬픔처럼

양평 물소리길 어디쯤 흑천黑川이었던가
물을 따라 걷다가 울고 말았다
설움이 슬금슬금 기어 나오더니
슬픔이 목울대를 타고 올라와
복받치는 울음으로 터져 나왔다

산다고 살아온 세월이었다
남들 보기에 무난한 삶이었으나
지난날 허물과 치욕들이
갑자기 눈시울에 뜨겁게 번졌다

남몰래 속 태우던 일들과
내가 힘들게 한 사람들
사무치는 연민이 속을 흔들었다
이들의 피눈물로 살아왔구나

강가에서 나서 강가에 살고 있는 내게
어느새 강은 마음에 길을 내었고
슬픔은 안에서 살며시 강물이 되었다

물소리가 숨겨온 치부를 쳤나 보다
갑자기 울분이 홍수처럼 넘쳐 흘렀다
부끄러움도 잊고 주저앉아 크게 울었다
흑천은 이름과는 달리 맑고 명랑하였다

산막이옛길

조금만 더 가면 된다는 말에
속았어 이 굽이 지나면 마을이라더니
아직 끝은 코빼기도 보이지 않고 속았당게
다리 풀려 툴툴거리는 노인에게
노인보다 한참 더 꼬부랑 옛길이 말을 건다

세상에 뭐가 있다고 헛된 꿈 붙잡고
평생 속으며 산 게 우리 아닌개벼
코끝을 파고드는 아찔한 향기에도
한없이 비루한 이름으로 불리는
쥐똥나무 같은 게 우리 인생 아녀
오래된 길이 노인의 어깨에 손을 얹는다

꽃이 사람 보기 좋으라고 피는 거여
죽어 씨를 남기기 위해서 피지
숱한 세월을 지고 서 있는 저 소나무 좀 봐봐
줄기를 곧게 세우려고 땅바닥을 기는

구불구불 인고의 뿌리가 없으면 서 있겠어

봄날 어린아이가 말갛게 웃을 때
꽃은 부끄러운 듯 발갛게 램프를 켜고
청년의 초록 숲이 바다처럼 바람을 흔들다
늙은이들 속에 울화가 치밀어 오를 즈음에
온 산에 단풍은 홧병처럼 활활 타오르고

산이 막고 물이 들이민다 해도
사람의 길은 언제나 다소곳이 열리고
올 사랑은 마침내 오고야 만다는 걸
숨 고르며 하루씩 빼기 하는 사람 중에서
산막이옛길을 걸어 본 사람은 안다

여수행 완행열차

삶이 발목에 걸려 흔들린다면
여수행 완행열차를 타라
용산에서 밤 열 시 넘어 떠나는
기차에서 서울을 내다보면
밤이 너무 깊어 들어 올릴 수 없지만
느리게 느리게 기어가는 기차에서는
숨에 맞춰 시간을 늘릴 수 있으니
지친 몸을 맡기고 한숨 자도 좋으리라

눈을 떠도 여기가 여전히 여긴 듯하나
서대전역에 서면 깊고 느린 말이 들리고
봄날의 향기 언제나 그윽한 남원쯤 가서
운 좋으면 놀러 가는 전라도 농부를 만나
홍어삼합에 막걸리 한 사발로 요기를 하고
다시 눈 붙여도 여수 가면 아직은 미명未明
남도의 검은 새벽바람이 정신 나게 하리라

혼란한 마음으로 오동도 동백숲을 걷다 보면
떠나 왔으나 속에서 지우지 못하는 사람
뜻이 있다면 언젠가 다시 만나리라 정리가 되고
금오산 향일암 천수관세음보살 앞에 서면
절망이 몸부림쳐 노래 부르는 한바다
반짝이며 춤추는 물비늘들 반사가
볼 수 없는 그대 뒷모습을 비추어 주리니

발목에 걸려 삶이 감물 들 때면
여수행 전라선 완행열차를 타라
초고속 시간을 건너 느린 기차에서 내리면
진초록에 숨은 동백꽃의 단심丹心과
거칠 것 없이 씩씩한 돌산도 바다 물길이
가려진 삶의 길을 살포시 보여 주리라

연북정 독백

도시의 고민 따위를 여기까지
끌고 올 이유는 무엇인가
세찬 바람에도 염려를 떨치지 못하고
빛나는 햇볕에도 얼굴을 찌푸리고
종일 바닷길을 걷는 것은 무엇 때문인가

유배로 섬에 갇힌 옛 선비들이
임금을 향해 아침마다 절을 올리며
섬과 서울을 이으려 했으나
결국은 섬에 스스로 갇혔던
조천 금당포 연북정戀北亭에서
멀리 서울을 등지고도
깊은 시름에 빠져있는 나는 무엇인가

심한 비바람에 몸을 떨어도
바닷가 들꽃들이 바람에 잡혀 있는가
바람이 언제 바다에 묶여 있으며

바다가 땅끝 어디에 매여 있던가
하늘 아래 모든 것들이
홀로 허허虛虛 함께 어울려 자유로운데
혼자 멀리 떠나 왔어도
번다한 꿈에 얕은 잠은 자주 깨고
우울에 발목이 걸려 길은 자꾸만 휘청거린다

*제주시 조천읍에 있는 정자.
조선 시대 유배객들이 한양의 임금께 아침마다 절을 했다고 한다.

종달리 해녀

밤새 미친 듯이 바람이 불고
크엉크엉 바다 우는 소리를 들으며
사내를 앗아간 바다에 다시는 들지 않기를
더이상 물질로는 먹고 살지 않도록
꿈에서도 천지신명 용왕님께 빌고 빌었다

지붕에 박이 익으면 속을 비우고
박 덩이 끌어안고 고작 홑적삼 하나에
열 살부터 물질을 배워 망사리 빗창*
테왁*을 매고 허름한 불턱*에서 떨며 팔십 여년
살 저미는 바다 추위는 죽음보다 서러웠노라

욕심부리지말앙 니 숨마니만 허라*
숨 남앙이실 때 바깥디 나와사 된다*
파도의 말씀을 죽비로 삼고 떨며 두려워하며
살암서면* 살아지리라 믿고 호오잇 호오잇
바다 여기저기서 터지는 숨비소리는

슬프디슬픈 이승 저승 간 서러운 울음이었다

물마루에 희고 젊어 부끄러운 맨몸을 가렸고
만삭이 되어도 물질을 놓지 못해
더러는 고깃배 위에서 몸을 풀었으며
생선 칼로 탯줄을 잘랐던 배둥이들이 자라
바다에 나가고 다시 거친 풍랑에 빠지는
바다의 기막힌 순환이 거듭되었지만

끝까지 가야 어디라도 닿을 수 있다
끝의 끝에 서야 까치놀을 넘을 수 있다
섬의 동쪽 끝에서 맞는 삶의 끝 여든 아홉
땅도 사람도 끝까지 달린 종달리終達里에서
해가 넘어간 저녁 어스름의 끝 시간
노을이 감물처럼 하늘에서 번지고 있다

물질을 배우던 열 살 때 하고는 달리

제주는 후천개벽 새 세상이 된 듯한데

요즘 젊은것들은 칠십이 되어도 뭘 몰라

이 악물고 악착같이 산다는 말을 몰라

징하고 징한 세월 땟국 절은 삶이 뭔지 몰라

인생 멋이란 게 끝까지 가 봐야

배지근한 군소 맛 같은디 구시렁대며

오늘도 물질 나가는 늙은 상군 해녀가

삶의 치마 끝자락을 잡고

해녀의 부엌*에서 다시 길을 내고 있었다

*빗창 : 자루의 끝을 고리 모양으로 구부려 만든 전복을 따는 도구
*테왁 : 해녀가 물질을 할 때, 가슴에 받쳐 몸이 뜨게 하는 공 모양의 기구
*불턱 : 해녀들이 잠수 후에 나와 불을 쬐는 곳
*욕심내지 말고 네 숨만큼만 하거라
*숨 남아 있을 때 밖으로 나와야 한다
*살아 있으면
*종달리 해녀들이 젊은 예술가들과 협업하여 해녀의 삶을 연극으로 올리고 대화하며 식사도 함께하는 제주 해녀 다이닝(dining)

콜로세움에서

검투사는 여전히 살아 있었다
황제의 영광을 보이기 위해 세워진
거대한 콜로세움은 무너졌고
원형극장을 세우기 위해 동원된
유다인의 나라도 쓰러졌으나
검투사들은 연미복으로 갈아입고
긴 소매를 끌고 지하의 숨은 미로를 찾아
로마의 골목 안으로 숨어 들었다

그들은 역사의 시간 앞으로 전진했고
과거의 흔적을 찾아 도처에서 온
이십일세기 관광객과 조우했다
관광객은 무너진 콜로세움을 돌며
황제와 귀족들의 과시된 위엄의 흔적과
맹수와 검투사의 싸움에 환호하는
옛 관객들의 극한의 웃음을 찾아 기웃거렸고
검투사들은 여전히 숨을 할딱거리며

숨을 곳을 찾아다녔다

두려운 건 목을 향해 덤벼드는
성난 맹수가 아니었다
박수를 치고 깔깔거리는
권력자들의 위선과
참을 수 없는 가벼움도 아니었다
여자들은 자꾸만 배가 불러왔고
새끼들의 입은 마냥 거칠어
먹어도 먹어도 배는 꺼지지 않았다

위대한 건축에 동원되었던 유다인들은
세월이 흘러
박해자의 정신적 스승이 되었고
콜로세움의 벽과 바닥의 돌들은
하나씩 해체되어
유대인 신전을 위한 주춧돌이 되었다

지배자와 피지배자의 위치는
때때로 바뀌었으나 검투사들은
국적 없이 떠도는 집시가 되거나
좀도둑이 되어 살았고
콜로세움 앞에 세계를 떠도는 자들이 모여
엽서를 파는 잡상인이 되었다

포로 로마노

시간은 폐허의 흔적 속에 있었다
언덕 위에 하늘은 그대로이고
언덕을 넘는 바람도 옛날처럼 부드러운데
살아남은 몇 개의 기둥과 벽 채는
키케로의 웅변술보다 더 극적인 웅변으로
흥망의 로마사를 증언하고 있다
온전한 것보다 무너진 것들이 더 웅변적이다
권력과 광장의 열기는 자연으로 돌아가고
언덕의 올리브 숲은 허망(虛妄) 속에 있다
황제를 꿈꾸었던 카이사르는
공화주의자의 말과 칼에 베였고
공화주의는 시민들에 의해 버려졌다
전쟁을 끝낸 말들의 숨소리만 한가할 뿐
개선문에 들어서는 군인들의 흥청거림과
멀리 이방(異邦)에서 잡혀 온 노예들의 저주는
길거리에서 어지럽게 교차되었다
세상의 길은 모두 이곳으로 통하고

제도는 모두 제국에서 전파된 것인데
남고 사라지는 것은 결국 무엇인가
팔라티노 언덕의 훤칠한 소나무 몇 그루가
광장의 가벼운 시간 놀이를 지켜보고 있었다

알프스

알퐁스 도데를 읽고부터 사모했습니다
참으로 오랜 시간이었습니다
당신의 이마 위로 여전히 별은 빛나고 있는지
푸른 비탈에서 까부는 어린 양들과 함께
당신을 찬찬히 들여다보고 싶었습니다

숨소리 들릴 만큼 가까운 곳에서
다정한 말 한마디 붙이고 싶었지만
내밀한 당신의 속 깊은 곳까지 알 수 없고
높은 데 올라 호숫가 마을 사이 끝없는 길을
무엇보다 당신의 너른 품을 둘러보고 싶었지만
가까이 가기에 당신은 너무 먼 곳에 있었습니다

그래도 보고 싶은 마음 항상 누를 수 없어서
우연히 다른 일로 지나는 길에
혹시나 잠시라도 볼 수 있을까 하여
마침내 당신의 나라에 왔습니다

먼발치에서 희끗이라도 만날 수 있다면
내게는 더 할 수 없는 기쁨이겠습니다

루체른 호숫가에서 올려다본 당신은
역시 기대를 저버리지 않았습니다
잘생긴 얼굴에 은은한 기품이 넘치고
눈부신 설관雪冠을 쓰고 서 있는 당신은
아랫마을 오월의 꽃밭에서도 당당히
형형한 눈빛으로 빛나고 있었습니다

별똥별이 밤하늘에서 긴 꼬리를 흔들자
호수는 별빛 물결로 반짝이며 손 까부릅니다
나 언젠가 다시 와 오래오래
이 안에 살고 있는 생명들과 함께
아름다운 당신을 욕망하며 살고 싶습니다

제2부

단풍 들면 나 혼자 이 가을을 또 어찌하랴

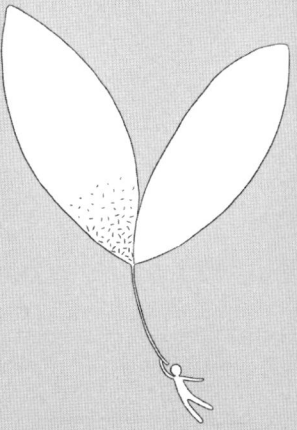

웃거름

뿌리를 돌보지 않으면 줄기를 세울 수 없고
줄기를 가꾸지 않으면 꽃을 피울 수 없다
비바람에 쓰러지는 것은 잠깐이고
벌레에 먹히는 것 또한 순간이어서
잠시라도 방심하면 거둘 수 없으니
가꾸는 식물에 눈을 떼지 말라
세상의 일에 다 때가 있듯이
거름의 시기 또한 따로 있어
웃거름의 때를 놓치면
한참 성한 것들도 주저앉아 버려
밑거름을 했다고 마음을 놓지 말라
보인다고 보이는 것만 보지 말고
발소리 듣고 자라는 귀 밝은 작물처럼
보이지 않는 땅속 뿌리의 치열熾烈을
섬세한 가슴으로 들어보아라
꽃을 보지 못하면 오랜 꿈도 이룰 수 없다

가을이라고 울지 마라

다시 가을꽃이 피면 어쩌지
단풍 들면 나 혼자 이 가을을 또 어찌하랴
참아도 참을수록 눈물이 나고

가득히 흔들리는 억새 벌판을 지나며
함께 손잡고 걷던 코스모스 꽃길에서
추수한 논둑을 아이들과 함께 걸으며

당신이 떠났는데도 또 가을은 오고
가을 하늘이 너무 아름다우므로 슬프고
혼자만 아름다움을 누림에 또 앉아 울고
슬프다 누구에게 말할 수 없어 더 아픈

슬픔의 이유가 많아서 슬픈 그대여
먼저 떠난 사람을 그리며 우는 그대여

먼 산의 단풍이 마음에 불을 질러도
이제 남몰래 숨죽여 울지 마라
사라지는 것들은 모두 파문을 남기고
사는 일은 슬픔의 발톱을 숨기는 것뿐이니
죽고 나는 생각에 마음 쓰지 말라

부르고 불러도 끝나지 않을 노래
혼자 남아 혼자 부르고 있어도
함께 울어줄 이이들이 옆에 있으니
가슴을 벤 날 선 아픔이 풀릴 때까지는
가을이라고 가을이 아름답다고
혼자서 마냥 울지 말라

틈

장엄한 바위 미세한 틈에
어린 솔 씨 하나
가볍게 앉았습니다

당신 가슴에 빈틈을 비집고
가난한 영혼 하나
머물 자리 잡았습니다

오르락내리락 바람결 비행
짬에 몸을 부리고
고단한 뿌리를 내렸습니다

앞산의 꽃은 무심코 피었다 져도
나 홀로 틈을 내어 의미가 되고
빛나는 사랑으로 울겠습니다

세상의 모든 것들

틈에서 틈으로 나고 지지만

당신과 영원한 틈에서 살겠습니다

엽서의 목소리
- 조재훈 선생님께

부끄러움을 무릅쓰고
선생님께 이 시집을 바칩니다

헌사를 써서 주소를 묻고 물어
보내 드린 시집이 꼬리표를 달고 돌아오고

스승의 근황도 알지 못하는 부끄러움으로
돌아온 책을 만져보다가 다시 부쳤는데

참 오래된 누런 엽서 한 장이 도착했습니다
고맙게 잘 받아 숨죽여 읽었네

정감 있는 글씨 너머 여전히 정갈한 성품
꼿꼿한 말씀이 또박또박 걸어옵니다

팔순이 넘으신 선생님의 색 바랜 엽서가
너는 누구의 바른 선생이었느냐 묻고 있습니다

발

하루종일 걸어서 더럽다고
눈으로 보기에 멀리 있다고
슬픔의 심장 박동에 무디다고

씻을 때는 가장 늦게
단장할 때는 무시하고
헐벗은 시절에는 아예 맨발로

만일 내가 없다면 일은 어찌하고
지극至極의 성소에 어떻게 올라
갈급한 영혼을 호소했으랴

거룩한 얼굴이나 손이 아니라
제자들의 더러운 발을 씻긴
스승의 진정은 무엇이었을까

초겨울

한 해 또 살았구나
산도 계절도 다시 붉었다 지고
산 아래 늙어가는 사람들 무릎에
오늘은 찬 바람이 분다

추워도 살아온 세월이 있는데
불타는 단풍의 추억 하나 보듬고
목메는 슬픔의 냇물 한두 번
누군들 건너지 않은 사람이 있으며

빈들 아무 데나 피어 멋대로 흔들리는
갈대 수풀 너머 노을이 붉게 물들 때
또한 한 번쯤 그리움의 바다에
빠져 보지 않은 사람이 있으랴

막막한 슬픔과 그리움 넘쳐흘러
쌓인 것들 비운 가슴을 적시고

누구나 저마다 역사의 강 하나씩
물소리 어울려 흘러갈 때

젊고 푸른 것들은 애써 달려와
초겨울 마침내 갈 길을 마치고
한 해 또 잘 살았구나 몸을 말아
저 온 곳으로 천천히 돌아가고 있다

인연

먼지구름처럼 바람에 흩어진 꽃가루
씨방에 살림을 차려 밑씨를 만나고
새 떼가 물고 먼 곳에 버린 씨앗들이
가슴을 펴고 찬란한 꽃밭을 이루듯

겨울 양식으로 숨겼다 잊어버리고
다람쥐가 먹지 못한 도토리들이
새봄에 여기저기 싹 트고 자라나
함께 모여 마침내 참나무 숲을 이루듯

살면서 알게 모르게 은혜를 주고받아
우리가 행한 아주 작고 우연한 일들이
알지 못하는 어딘가 누군가에게 닿아
온기가 되고 밥과 위로와 희망이 되어

세상은 또 한 번 절로 훈훈해지고
뜨겁고 벅찬 기운으로 태양은 다시

살아 있는 것들을 한껏 어르고 부추겨
사람 사는 마을은 조금씩 밝아져 간다

솜틀집 카페에서

내가 결혼할 때 어머니는 동네 솜틀집에서
손수 딴 목화를 틀고 새하얀 홑청을 입혀
당대 최상의 솜이불을 만들어 주셨다

뜨거운 이불 속에서 태어난 아이가 자라면서
무겁고 두꺼운 솜이불은 몇 번씩 새로 틀어져
아이의 침대용 얇은 차렵이불로 거듭났고

이제 솜을 틀 이불도 일도 사람도 없어
아무도 찾지 않는 큰 도시의 솜틀집은
간판도 떼지 못한 채 젊은이들의 카페로 변해

솜이불을 버리고 구스 이불을 덮고 깃털처럼
가볍게 사는 딸은 목화꽃 같은 제 딸과 함께
솜틀집 카페에서 미국산 커피를 마시고 있다

세월은 상류를 돌아보며 깊은 추억을 만들고
추억은 젖은 물소리를 따라 하류로 흐르지만
사람은 발원지로 돌아가며 물무늬를 남긴다

높은 뜻을 품고 산다면

바알간 사과 한 알을 얻기 위해
태풍에 맞서 휘지 않는 신념으로
꼿꼿이 한여름을 견뎌낸 사과나무처럼

장작불마냥 아직 더운 마음으로
굽지 않은 높은 뜻을 품고 산다면
걸친 옷이나 자리 따위가 무슨 상관이랴

다시는 꿈꿀 수 없는 유배의 땅끝에서
감히 바랄 수 없는 것들을 바라고
흔들리지 않는 처음 믿음을 밀고 가는 것

서로 사랑하라는 말씀을 가슴에 심어
입에 발려 가벼운 말의 사랑에 매이지 않고
기꺼이 수고로 사랑의 띠를 이어주는 것

길의 끝에서 길이 다시 길을 내듯
잘은 못하더라도 쓰러지지 않고 달려
인고를 통해 소망의 길로 나아가는 것

눈물 나 바람 부는 어둠 속 허허벌판에서
알아주는 사람 하나 없어도
발등의 뜻은 초라한 이마에서 빛이 되리라

거짓말 또는 불가능한 것들

절대 시집 안 간다는 말
처녀들의 고전적인 반어법이었으나
요즘엔 진짜 시집 안 가는 여자들이 많다

노인용 건강식품이 엄청 팔리는 걸 보면
빨리 죽어야지라는 노인들 말도 다 허풍이다
그런데 한국의 노인자살률은 여전히 높다

하늘이 두 쪽 나더라도 너를 지켜주고 싶다
하늘이 두 쪽일 때도 없었지만 하나일 때도
너를 지키는 연인은 별로 보지 못했다

모든 사람은 건강할 권리가 있다
건강을 완전하게 온전한 상태로 정의한다면
세상에 건강이란 없으니 병을 사랑하라

국민의 이름으로 국민을 보고 정치를 하겠다
게거품 무는 정치의 수사로 뜨거운 말이지만
그들에게 누구도 국민인 적은 결코 없었다

거짓말의 목록은 앞으로 점점 더 늘어갈 것이고
불가능한 일들은 모두의 정신을 삭여
우리는 더 미쳐가고 미쳐야 비로소 살리라

잡담

나이 들어 만나면 아픈 얘기가 인사다
어디가 아프다 어디가 쑤신다 중구난방에
이제 와서 아프면 고맙지 무슨 푸념이냐
골골해서 네가 제일 오래 살겠다
그게 덕담이냐 악담이냐
낄낄거리는 마음이 모두 허虛하다

전라도니 경상도니 하면서 싸우던 놈들이
이제는 광화문이니 서초동이니 하며
입씨름에 서로 빈정 상해 등을 돌리고
경력도 제각각 지향도 가지가지여서
나이 들수록 고집은 고래 심줄이 되어
늙어서도 대화는 참 어려운 일이다

아이들이나 아내, 속 이야기는 꼭꼭 숨기고
어릴 적 제 잘못은 일부러 다 잊어버린 채
이제는 세상에도 없는 선생들을 안주 삼아

하루종일 질기게 씹고 있는데
세월을 이렇게 꼭꼭 씹을 수는 없을까

아픈 일이야 낄낄대며 견뎌내면 좋겠으나
생각이 다른 사람들 속마음을 살피고
외로울수록 추운 사람들 돌아보아야 할텐데
나이 들어도 삶은 한없이 가볍고 피상적이다
잘 살아야겠다는 말은 기약할 수 없다

공감

사업을 접고 스스로 잡부가 되어서
손가락 한 마디를 프레샤에 날렸다

작은 것이라도
함께 할 때에는 잊고 있다가
잃은 후에야 아쉬워하는 게 사람이다만

조금 잃었을 때
많이 잃지 않았음을 감사하자고
그걸 위로랍시고 친구에게 말하는

기쁨은 고통의 끝에서 새로 시작한다지만
고통이라는 게 얼마나 큰 절망을 키우는지
몸으로 제대로 알지 못하는

오른발 새끼발가락 작은 티눈 때문에
산에 다니는 것이 불편하다고

끊임없이 불평을 놓지 않는

그럼에도 공감하는 법을 가르치는 선생
나를 경멸하노라

어떤 하루

일의 진행을 기다리는데 보고는 없고
당장 확인할 말은 많은데
전화를 들었다 내려놓는다

특별히 아픈 데도 없는데 몸이 까라져
병가를 내고 절에도 가고 여기저기
돌아다닌다는 지인의 쪽지를 받는다

평생 어질고 부지런하게 살았지만 힘겨웠던
교회 권사님이 돌아가셨다는 연락을 받고도
가서 붙잡고 펑펑 울고 싶은데 갈 수가 없다

그래도 보내준 시집 숨죽여 읽었노라고
이제 팔순도 넘은 옛 선생님께서
손수 글씨로 예쁘게 쓰신 엽서를 받았다

너는 누구에게 참 선생이었는가 묻는 것 같다
천상 둘도 없는 스승이신데
잔잔한 기쁨 뒤로 찔림이 깊다

가슴이 답답하고 입이 나오는 하루
사는 것이 무언가 쓸쓸하다
길은 멀고 걸리는 건 많고 걸음은 무겁다

시인이라는 짓

정년을 앞두고 시집을 한 권 냈더니
사람들이 저마다 시인이라고 부른다
시집을 냈으니 시인이라고 불려도 무방하고
불리지 않아도 상관은 없겠으나
사람들은 꼭 언제 등단했냐고 묻는다
의사나 법조인이나 교사처럼 글 쓰는 것도
이 땅에서는 면허를 받아야 한다
오랜 세월 자연과 함께 일하다 보면
애송이도 능숙한 농부가 되듯
시를 쓰고 읽고 사랑하는 사람의 시가
그래도 누군가의 가슴에 눈물 한 방울
시원한 바람 한 줄기가 되었다면 시인이지
글 쓰는 면허나 시인이라는 이름 따위가
뭐 그리 대단하고 중요하겠는가
대시인 누구 평론가 아무개 문하생이니 하며
따라다니다 괜히 구설수에 망신이나 당하고
그래서 얻은 이름으로 진짜 시인이 되겠는가

농부가 마음 비우고 땅을 파고 씨를 뿌리듯
살면서 느껴 깨달은 것들을 표현해서
스스로 혹시 남들에게 한 마디 또는 한 줄
마음을 적시는 시 한 줄 쓰면서
허명에 구질구질하게 욕심내지 말고
남 잘 쓴 시 읽고 사랑하고
사람을 사랑하면서 살아간다면
시인이라는 관冠 하나 없어도 족하지 않으랴

해탈

까까머리로 산에 든 지 몇 해인가
바람 불어 사립을 열지 못한 채

눈썹이 새파랗게 희도록
물이 막고 산이 불러 산에 남았네

평생을 싸매고 공구功究했으나
깨닫지 못한 말씀이 발목을 잡고

봄이 되면 아으 진달래 눈에 밟혀
그만 자리에 주저앉고 말았네

이제 어두워 돌아갈 길도 잊고
산문을 걸어 잠근 누추한 절집 위로

노승의 등 같은 눈썹달 떠오르면
구름은 허허하고 새들은 까불고 있네

호명

불러주는 이 없어도 홀로 피고
보아주는 이 없어도 절로 지지만
이름을 부를 때 꽃은 얼굴을 가진다
아무리 예뻐도 꽃이야
이름이 어디 뿌리가 되겠냐마는
사람에게 이름은 근본이다
번호로 불리면 익명의 무상이 되고
어미 아비 이름은 뜨거운 핏줄이 되어
새끼들을 먹여 살과 뼈를 단련하고
선생이라 불리는 이들은
기꺼이 아이들을 거울에 비추고
안에서 끓는 것들의 싹을 틔워
대숲을 지나는 청량한 바람처럼
영혼들의 수풀을 흔들어야 한다
오직 분주奔走에서 벗어나
멀리 높은 산이나 황무한 땅에
스스로를 가두는 자만이
자유를 제 이름으로 호명할 수 있다

고전古典

이름만 들어도
누구나 알지만
대부분이 읽지 않은,
너무 일찍
제목을 듣거나
요약본으로 읽어
조로早老한,
속은 잘 모르면서
다 안다고
생각하는,
아름다운 양장
책꽂이 장식용
소화제가 필요한 책들

이장 移葬

저녁 무렵

잘새들이 돌아왔다

새들이 울자

울음을 타고 가지가 흔들렸다

아버지는

몇 가닥 뼈로 누워 있고

묵뫼의 설움도

함께 함에 담겼다

타향살이 슬픈 노래도 빻아져

그림자처럼

바닥에 가라앉아 있었다

함보다도 작은 한 줌 삶

어스름에 눈들이 흔들리고

돌아오는 밤

진저리치듯 떠는 숲 위로

그믐달이 걸려 있었다

불가사의

시간이 지나면 당연히 봄은 오고
연두 새싹 자라나 초록의 수풀 너머
짙푸른 잎 철들어 갈빛이 될 때쯤
사람 머리에도 눈발이 날리는 줄 알았다

스위치를 켜면 등은 저절로 빛나고
꼭지를 틀면 물은 콸콸콸 쏟아져
날마다 마시는 물의 주소는 몰라도
물은 언제나 가까이 쉽고 맑고 달았다

보아도 보이지 않던 호스를 찾다가
물은 멀리 수도에 한쪽 끝이 매이고
회로처럼 천장 텍스에 숨어 흘러왔음을
낡은 정수기를 손보며 알게 된 한낮

실뿌리 땅속에서 엉키고 뭉치고 뻗어서
물오른 버들가지 코끝을 간질이고

보이지 않는 곳 보잘것없는 것들 숨 쉬어
봄은 아지랑이 뒤에서 손을 흔들고 있었다

조개젓

한 때는 바다 밑 모래밭을 기어가거나
진흙이나 갯벌에 몸을 숨겨 움직였으나

조가비 안에 있을 때라야 조개지
이제 아무도 조개의 횡보橫步를 기억하지 않는다

씻고 물을 뺀 다음 소금에 절여
뚜껑 밑을 꼭꼭 동여매 공기를 차단하고

안에서 깊이 시간을 견디며 삭고 삭아야
밥 한 그릇 뚝딱 비울 짭조롬한 참맛이 된다

통기通氣와 잡것들은 막아내고
바다의 속살을 삭히고 삭고 더 곰삭혀야

밥맛 떨어진 사람들 입맛 다시게 할
정갈하고 곰상한 밥상 밑반찬이 되는 것이다

그래도 봄, 2020

비가 오다 멈췄다 하늘은 흐리고
오가는 사람들 몇, 걸음이 편치 않다

바이러스는 도시에서 도시로 번지고
길에는 적대와 혐오 공포와 비난이 넘쳐

감염원 대신 희생양을 찾아
누구 탓인가 삿대질의 정치가 바쁘다

교문은 닫히고 학교 종은 벌써 멈췄는데
교회는 아름다운 헌금통을 활짝 열어두고

불안과 우울이 소름처럼 돋아나는 산하
골목 뒤안길 산수유 노랑꽃이 터지고 있다

그래!
그래도 봄은 온다

냉장고를 청소하면서

세월은 기억되어야 하고
욕망은 소화되어야 하는데
교무실 냉장고 안에는
기억되지 않은 세월과
소화되지 않은 욕망으로 가득하다
누군가 가져다 놓은 건강음료는
있다는 사실조차 기억에서 멀어져
용처를 찾지 못해 쌓이고
장 속에서 매끄럽게 달려야 할
영양소들은 소화되지 못한 채
유통기한을 넘기고 있다
잠시 즐거운 영혼을 위한 커피는
여전히 입을 꼭 다물고 있고
옆에 한때의 고통을 잊기 위해
가져온 약들도 찾지 않는 걸 보면
소용은 다 한 듯한데
가져다 놓은 주인들은 다 떠나고

사는 일이란 결국
이것저것 챙기고, 챙기다 또 잊고
필요한 것들 열심히 쌓아 놓고
유통기한을 놓치는 일인지 몰라
쌓고 버리고 썩고 떠나는 삶의 순환이
냉장고 안에서 온전히 숙성하고 있다

마음속 암자 하나

산중에 암자 하나 마련하고 싶었다
탐욕을 비울 수행의 공간이 아니라
시꺼멓게 속을 태우는 선생님들이나
길 잃은 악다구니 아이들이 도망쳐
속에서 썩어가는 것들 게워낼 수 있는
시끄러운 소도(蘇塗)로 사용하기 위하여
산중에 조용한 암자 하나 사고 싶었다

암자 같은 것도 거래하냐 부동산에 물으니
사고팔 수 없는 것은 세상에 없다고 하나
정작 살 수 있는 형편은 되지 못하고
상처받은 사람들은 세상에 차고 넘쳐
누구나 돌아가 머물 수 있는 암자
마음속에서라도 하나씩
소용돌이 세상에 숨통을 열어두고 싶었다

지독한 외로움과 싸운 다산의 초당이나
진리를 위해 목숨 건 배론의 토굴이나
위태한 벼랑 끝 달마산 도솔암과는 다른
종교의 규율과 세상의 허위에서 벗어나
끓어오른 자유가 잦아들어 고요의 평화
숨결이 숨결을 위로하는 회복의 처소로
마음속 암자 하나 이루고 싶었다

찻잎 단상

창턱에 놓여 꾸들꾸들 다시 마르는
우린 찻잎을 만져보며 돌아가리라
아쉬움은 없다 한 생애 마치고
이제 돌아가노라 울리는 소리가
아무도 없는 사무실에서 머리를 친다

감미甘味 없이 맑은 차 한 모금에 깃든
한낮의 차나무 광합성의 맹렬함과
잎을 따던 가난한 노동의 비명을 들으며
몸을 내준 뜨거운 찻물의 우림에서
덖음솥 불기에 견딘 찻잎의 노래를 들노라

잠깐의 봄날 잠시의 쓸모 그다음
아이들 매끈한 신생의 살결도 언젠가
연단의 시간으로 소나무 껍질보다 두껍게
마른 늙은이 주름처럼 거칠고 쓸쓸하게
삶이란 틀리고 비워지다 고요해지는 것

뜨거운 물에 퍼지고 우려진 후 담백하게
햇빛에 잠든 이파리 숙면의 시간도
청춘의 촉촉함으로 돌아갈 수 없으니
아무도 출근하지 않은 동트는 시간의 차 한 잔
가볍게 때로는 경쾌하게 나 또한 돌아가리라

제3부

내리비추는 빛을 올려다보는 눈처럼

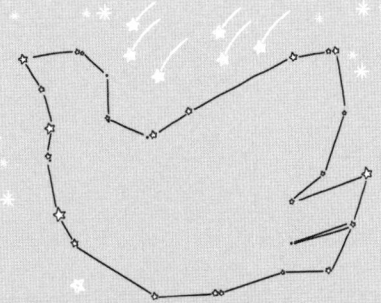

사랑은

진정한 사랑은

너와 나 사이로 길을 내는 것이다

길을 걸으며

기쁨과 슬픔을 나르고 나누고

목메는 기쁨과

명치를 찌르는 슬픔의 통증을

묵묵히 서로 견디는 것이다

산을 비켜 마른 땅을 적시며

돌고 돌아 흐르는

강물의 무심無心처럼

사행蛇行의 흐름을 기다리는

산들의 침묵과 태연泰然처럼

대들보를 올리며

성미산 오르막 빛 좋은 자리
기초에 기둥을 박고 다섯 층을 높이어
오늘 대들보를 올리니 필부필녀
여섯 가구 스물네 목숨의 아름다운 집이라

집이란 모름지기
뜨거운 피를 나눈 식구들이
정직한 밥으로 몸을 덥혀 숨을 나누며
같이 걸을까 삶의 오르막
평생의 뜻을 함께 열어가는 곳이니

걸어온 길 피곤한 몸을 누이고
속상할 때마다 토닥토닥
마음 다스리는 어미 아비 있어
어여쁜 새끼들 먹이고 키울 수 있어라

모여 함께 사는 일이란
오로지 머리를 숙이고 남을 받드는 일이며

남의 눈에 작은 가시가 아니라
내 눈동자의 들보를 돌아보고
홀로 또 함께 활짝
꽃 피우는 것이란 것을 깨닫는 것이다

지붕 아래 강아지 고양이와 함께
골목 바람의 두런거림에 귀기울이고
아이들과 손잡고 별을 세면서
조는 듯 반짝이는 별빛에 감탄하고
새와 벌레들의 작은 노래를 듣는 일이다

길 위에서 거리에서 시장에서
정처 없는 발자국 소리를 들으며
힘들고 외로운 사람들 환대의 그늘이 되고
보듬어 안에서 밖으로 온기를 나눠
활활 타오르는 세계의 중심이 되는 것이다

* 딸의 공동체 주택 상량식에서 읽은 글

자본주의여 만세

이제 더이상 신새벽 뒷골목에서
민주주의를 외치지 않는다
환한 대낮 시장에서 거리에서
한 푼의 돈을 더 벌기 위해서
알량한 영혼을 팔 뿐
부끄러움은 잊은지 오래
타는 목마름으로 자유여 민주여
너의 이름을 부르지 않는다
숨죽여 흐느끼며 남몰래
그대 이름을 쓰지도 않는다
외로운 눈부심은 시장에서 오나니
학원에서 도서관에서 스타벅스에서
코를 박고 숨죽여 목소리를 없애고
법과 경영 토플 토익책을 팔 뿐
진실로 진실로 부자의 이름을 부르며
재벌의 현관을 바라보거나
캐슬 공화국의 라운지 파티를 상상한다

자발적 복종이라면 또 어떠리
자유와 존엄을 넘겨주고
비루한 자본이여 권력이여
타는 목마름으로 그대를 찬미하노라
자본주의여 만세

허망한 날 아침에

몸을 세우고 똑바로 가고 싶은데
마음과는 달리 한 발 한 발
옆으로 게처럼 옆으로
직선으로 걷기가 쉽지가 않네
미루었던 반가움으로 격한 술자리
바이러스처럼 부풀었다 결국
어지러이 빈말들로 쏟아지고
부끄러워라 아침의 눈부신 햇발
어디 취한 날 뿐이랴
취한 날은 몸이 흔들리고
맑은 날은 신념이 흔들리니
멀쩡한 날에도 삶이란
한껏 팽창했다 터지는 허망함이여
제대로 산다는 건 언제나 마음뿐
발길은 습관처럼 몸 따라가고
뜻을 세우고 길을 살펴 산다는 게
마음먹은 대로 되기가 쉽지 않구나

"따옴표" 인생

스스로 생각하거나
남의 말을 듣고 의심해 보거나
손가락을 꼽으며 따져 보지 않은
머릿속 가득한 "따옴표" 안의 생각들이
언젠가부터 따옴표에서 걸어 나와
태생부터 그랬던 것인 양
처음부터 그 자리에 있었던 것처럼
평생의 신념이 되었다
따옴표 안에 있어야 할 것들이
경계를 넘어와 자유의 옷을 입고
족히 백 년은 살아야 할 몸에 붙어
뻔뻔한 지식이 되었다
벽을 깨고 존재의 탈을 바꾸는데
한 점 부끄러움도 없이
천치의 마알간 기대감으로
허위의 기초 위에
힘 있는 자들의 하얀 지식으로
모두 튼튼한 각자의 집을 지었다

해브리 병원

고봉산을 비켜 노을 지는 자락
지번地番을 받은 하늘 마을이 있다
구름 너머 아득하고 어지럽고 아늑한
heavenly 해브리heaven里 병원에

이유를 알 수 없이 쑤시는 머리를 싸매거나
풍 맞아 제 맘대로 할 수 없는 몸을 끌거나
귀에 헛것이 들려 머리를 돌리거나
흩어진 기억을 좇아 밤새 잠들 수 없는

이력履歷이 다르듯 서로 다른 병을 안고 누워
사는 일이란 고통의 사이를 넘나들어
아슬아슬 실금 같은
사행천蛇行川이라는 걸 알지 못하고

콸콸콸 벽을 두드리며 흘러가는 피 소리와
벌떡벌떡 뛰는 심장의 박동을 보면서도

하루하루 한순간도 쉬지 않고 숨이 돌아
살아온 것이 바로 기적임을 설명할 수 없는

평안을 원해도 무심의 평강에 닿지 못하고
한 지붕 아래 있어도 함께 하늘에 들지 못한,
병도 병 나름이라 불평등을 베게 삼고 누워
제 별을 세는 사람들이 땅에 매여 울고 있다

살다 보면

살다 보면 휘청할 때가 있지
어지럽거나 판단을 잘못하거나
갑자기 발목에 힘이 빠져
걷는 길을 놓칠 때가 있지

내동 잘 먹다가
젓가락을 떨어뜨리고
때로는 엎어질 때도 있지
이렇게 오래 살았는데
어찌 멀쩡하기만이야 하겠는가

나무도 늙어 허리를 꺾고
새들은 흔적을 지워 버리듯
사는 일이란 늘 생각 같지 않아
마음 먹은 길 빈손으로
돌아 나오기도 하는 법

다만
미세한 떨림에 주의하고
속의 울림을 들여다보시게
살아온 길
한 번쯤은 찬찬히 돌아보시게

코로나 이후 아이들이 오다

아이들이 떠든다고 책망하지 말라
아이들이 학교에 오는 것이
교실에 와서 와글와글 떠드는 일이
얼마만인가 얼마나 신나는 일인가

운동장에서 아이들이 왁자지껄 공을 차고
농구해서 밤잠을 설친다고 민원하지 말라
주변에 사람이 있어 서로 연결되고
혼자 고립되어 있지 않다는 것은
우리에게 또 얼마나 큰 위안인가

젊은이들 술집에 모여 시끄럽게 마시며
객기를 부리는 일에 눈살을 찌뿌리지 말라
그들이 떠들므로 세상은 뜨거워지고
그들의 돈이 피가 되고
밥이 되어 돌아오는 것임을
바이러스가 이렇게 일깨워 주고 있는데

야생의 짐승우리를 부순
인간의 탐욕이 복수를 당하고
끊임없이 연결되어진 삶의 고리들이
산산이 떨어져 나간 뒤에야
예전에 당연한 것들이 새삼 귀하고
고마운 일이라는 것을 깨닫는 것이다

장마

장마라고 늘 비가 오던가
길고 오진 장마철
이 나라 온 땅에 비만 내리는가

한라산 진달래밭에 억수로 비가 와도
서울은 눈물 한 점 없는 열대야
강원도 평창 비탈 산골 어디선가는
타들어 가는 작물에 온 마을이 울지만

사는 것이 장마철 같아
매일 비 오는 날만 있으랴
도랑 넘쳐 물속 풀들이 누워도
물길 걷히면 툴툴 털고 일어나
자주달개비 꽃잎을 올리듯

가는 길 멈추지 않으면
기운 골목 담장 아래 망초 무리처럼

우리도 손잡고 모여 우우우
한꺼번에 터져 피어날 수 있으리

허리 펼 날 없이 힘들고
비바람 몰아치는 날 길어도 맞서
우산 들고 일어나
다시 삶으로 걸어가야 하리라

멈추어야 할 때

물러나거나 멈추면 죽는 길이니
자빠지더라도 앞으로 또 앞으로
성화에 쫓기는 것처럼
돌아보지 않고 앞으로만 달리는

크게 숨을 쉬고 가슴을 펴고 머리를 들고
일자목이 되거나
고개를 빼 디밀고 거북목이 되거나
귀한 보물 낚아채듯 재빨리 뛰는 사람들

컴퓨터에 핸드폰에 무슨 정보 무슨 소문에
몸은 자꾸 앞으로 쏠리고 고개는 쳐져
피가 거꾸로 돌고 목은 버거워

무너지는 몸의 평형을 위해서는
고개를 뒤로 꺾어 머리를 젖혀야 한다
지금은 멈추어야 할 때 적어도 하루 한 번

뒤로 머리를 젖히고 도발적으로 쉬어야 한다

몸이 쏠리듯 생각은 한쪽으로 기울어
생각의 편향을 바로잡기 위해서는
하루에 한 번 정반대의 생각을 따라가
논리 밑에 깔린 대적의 감정을 벗해야 한다

생각이 유탄처럼 날아가거나
죽창이 되어 돌아오기 전에
반대 논리의 분노로 나를 누르고
익숙한 노여움을 안에서 다스려야 한다

'평등' 마스크

무슨 골드바도 아니고
외국인이라고 미등록 외국인이라고
마스크 한 장을 구할 수가 없네

이 땅의 밭일 논일 뱃일 공장일
모텔의 온갖 추잡한 쓰레기 청소까지
험한 일 궂은일 도맡아 하는 우리에겐
공적 마스크 한 장을 내주지 않는다

작업용 마스크라도 빨아 쓰지 하는 사람
찌든 기름 냄새가 얼마나 골때리는지
우리가 걸린 코로나는 결국 어디로 가는지
몰라도 한참 모르는 이들과는 달리

눈곱만한 작업장에 보내준 인정많은
시민단체 교회와 사찰 선량한 보살들의
각양각색 마스크에 '평등'이라고 굵게 쓴다

급여는 줄고 재난지원금은 차별하고
돼지우리 같은 주거까지는 또 몰라줘도
눈물 한 방울 없는 인도주의가 길을 잃고
평등이 울부짖는 것을 보여주고 싶었다

선진국이 될 때 따라오지 못한
가난한 시절의 순한 마음을 불러
서로 힘이 되어 함께 핀 꽃 무리의 웃음을
코에 걸린 마스크에 그려주고 싶었다

부부

말없이 마을을 지고 선
동구 밖 등 굽은 소나무 숲에서
살아온 날 헤아리며 함께 맞는 푸른 밤

둥지에 숨어 서로 목털을 쪼아주며
추운 밤 부리 비벼 견디는 부부새처럼
사행천 굽이굽이 시린 삶 베고 함께 눕는다

자식들 살아갈 길은 까마득하고
간밤에도 같은 꿈을 꾸었을까마는
먼나라 사는 아들은 밥은 먹고 살까
시집간 딸은 제 딸과 오늘도 잘 지냈을까

이야기는 짧고 나가 일하는 시간은 길어
눈은 점점 어두워가고
곧 다가올 함께 하지 못할 시간을 위하여

부서질 듯 새우등 같은 기억을 주어 담고

소박한 밥상 앞에 앉은 두 사람

맛난 것 아껴먹듯 시간을 쬐끔씩 베어 먹는다

춤추며 가리라

뇌가 많이 쪼그라들었다고 한다
남보다 십 년은 먼저 준 것이라고 한다
해마도 눈에 띄게 감소했다고 한다
기억력이 예전만 못할 것이라고 한다
기형으로 막혀 있는 모세혈관도
이제 더는 어쩔 수 없다고 한다
설명하는 의사의 소리를 귓등으로 들으며
언젠가 걷던 멀고 숨 막히는 히말라야
산속으로 숨어드는 옅은 구름 길 같은
뇌 사진 속 하얀 피의 길을 보고 있다

살아온 역정이 꾸불꾸불 기어가고 있었다
한때 셀 수 없는 번뇌의 밤
알코올이 저 길을 넘쳐흘러 갔을 것이다
절망의 눈물이 흠뻑 적시고 따라가며
심하게 패인 흔적을 남겼을 것이다
잠들 수 없는 피곤한 몸부림이

상처를 흔들었을 것이다

옷소매에 감물 들던 유년 시절을 떠돌던

정처 없는 마음 또한 흉터로 남았으리라

사진 속에 새겨진 삶의 여정에

혼자서는 세울 수 없는 기둥에 대한

헛된 꿈이 기록되어 있을 것이다

가족들 먹이며 살리며 끓이던 아내의 마음속

눈물도 흘러와 조금은 섞였으리라

밀물지는 아쉬움과 후회는 어쩔 수 없으나

그래도 살아온 것 감사할 일이니

연민을 벗 삼아 남은 길 춤추며 걸어야 하리라

잠에서 깨어서 맞는 달

높이로 보아서 한밤중이다
아직 새벽은 오지 않았다
나이 들어 가끔씩 잠에서 깨어
달을 올려다본 지 오래
지난 일은 멀고 남은 시간은 짧다

여전히 달은 빛을 잃지 않았다
이따금 달빛에 깨어 들여다보면
내 속에서 빛나는 것들이
내리비추는 빛을 올려다보는 눈처럼
간절한 말을 걸어오고 있다

아, 오늘 달무리가 떴네
비구름이 가까이 오고 있구나
비추고 비치어서 조짐을 알리고
남의 빛으로 남을 비추는 달과 달리
나는 누구를 무엇으로 비추었을까

유년의 달은 차고 부풀었으나
나이 든 달은 이제 완숙을 무너뜨리며
누군가에겐 아픈 그믐달이 될 것이지만
빛도 원圓도 시간도 차고 기울며
돌아가고 다시 돌아오는 것이다

우산

빗방울이 통 통통 통 구르며 양철 지붕인 듯
튀는 빗소리 타악打樂을 그리며

펼쳐있을 때보다 접혀 있을 때가 많고
밝은 곳보다 후미진 구석에 있을 때가 많지만

비 오는 날 한때 누군가
간절한 필요를 채울 수 있고

쓰임보다 기다림의 시간이 더 길지만
갈급한 한순간을 위해 쓰일 수 있어

장마철 다급한 누군가의 손에 잡혀
묵직한 북소리 비바람을 막아

굽어 고단한 등을 가려줄 수 있으니
그뿐

한 생의 쓰임이 이만하면 족하지 않으랴

때를 위해 항상 묶여 있지만
쉽게 펴고 접고 가벼워서 나는 내가 참 좋다

늙은 선풍기

그때만 해도 에어컨 같은 건 흔치 않던 시절
모기장 안에 누운 첫 아이의 주변에서
여름밤 시원하게 바람을 날리던 젊은 선풍기
이제 쟤도 한 서른 살이 넘었는지 몰라

용케도 이사 때마다 버려지지 않고 따라와
갈수록 참을 수 없는 열대야와 싸우고
고단한 몸을 끌고 날개를 돌리며
끙끙 소리로 둔한 목을 회전시키며 늙는다

왼쪽 오른쪽 버겁게 목을 비틀기는 하지만
강풍을 틀어도 미풍밖에 안 되는 바람으로
굳어 좌우의 생각이 쉬이 변환되지 않는
낡은 내 몸을 식히며 쟤는 무슨 생각을 할까

생각은 해도 일을 한 번에 처리하지 못하고
무얼 하다가도 금방 까먹고 돌아서는 나는

늙은 선풍기와 함께 밤새 한두 번씩 깨어
지나간 시간을 복기하며 벽을 바라보고 있다

비염

생각 없이 살았지 반성해라
세계적인 감염병이 돌아도
결단코 육식의 고리를 끊지 못하고
무심의 관성을 털어내지 못한 채
치사한 눈물 한 방울 흘림 없이
삼겹살에 소주 한 병 가뿐히 비웠지
생명 순환의 무관심을 산처럼 쌓아
바뀐 철마다 죗값 청구서를 받는다

묵었던 눈물 콧물 한꺼번에 쏟으며
연거푸 재채기로 몸을 흔들고
숨 쉴 수 없을 만큼 충혈된 눈으로
환절換節의 격렬 반응에도
눈 하나 깜빡하지 않는 심장의 강퍅함이여
지독한 약으로도 다스릴 수 없어
치명적인 죗값을 온몸으로 치러야 한다

마을마다 구제역 돼지들이 살처분되고
세상은 난리 그런 난리가 없는데도
잠시 소동뿐 비몽사몽 눈을 감았다
함부로 숲속을 침범하여
한 톨 밤을 두고 다람쥐와 다툰 죄
어린 자들을 돌보지 않은 무거운 죄
손수건 한두 장으로는 감당할 수 없는
무정의 죄가 비수처럼 허파에 꽂힌다

자반 고등어 한 손

삶의 마지막 보시布施련가
한 주먹 소금을 뒤집어쓰고 누운
한 손의 자반 고등어는

푸른 등줄기 가르는 날렵한 물살
억센 살점의 팔딱거림과
거칠 것 없는 바다의 자유와
집단 유영의 날쌘 돌파突破를 지웠다

팔팔했던 과거를 상자에 가두고
파리 날리는 좌판 앞에서
목이 부러질 듯 끄덕이는 등 굽은 여인은

한때 가슴을 적시던 그리움과
봄날 달뜬 육신의 뜨거움도 잠시
평생 철없는 새끼들을 먹이며
한참이나 비켜난 세월을 털어내고

아이들 뱃속 뜨거운 밥이 되고 싶었던
염원을 공양으로 올린 채
적당히 간 밴 고등어 누운부처님臥佛 앞에서
세상 번잡함을 물리고 삼매三昧에 들었다

뜻밖에

출근길이 늦어 빠른 길을 찾는다고
고속도로에 들어서니 뜻밖에 안개가 가득
숨을 몰아쉬어도 한 발 앞을 볼 수가 없고

꽃 한번 보자고 봄부터 부지런을 떨며
앞마당 가득 꽃씨를 뿌렸더니
뜻밖의 장마에 볼만한 가을꽃 하나 남잖았네

힘든 꽃에 겨우 달린 주먹만 한 애호박 하나
남이 볼까 미끈한 살갗을 풀숲에 숨겼다가
깜짝 놀라 정신 차리고 보니 아뿔싸 이미 늙어

뜻밖에 뜻대로 되어가는 일보다
뜻과 달리 뜻밖으로 빠지는 일이 더 많으니
청춘을 아낀다고 찔끔찔끔 살지 말라

사람 사는 일이란 게
언제나 뜻과 달리 뜻밖의 일로
홀로 찬바람을 맞고 서 있는 일인지도 몰라

가는 세월에 흰머리는 뜻대로의 길이겠으나
가끔씩 뜻밖의 풍파風波를 노래하기 위해
아비의 뼈를 깎아 피리라도 불어볼까나

예순

싸하며 가슴으로 물길이 지나고
가끔은 무릎이 꺾이는 느낌
가끔씩 산산이 부서지는 생각
자주 흔들리고 간혹 비틀거리는
신호랄까 예감이랄까

낯선 도시의 모퉁이를 돌 때
높은 산을 내려올 때
계단의 인고를 거슬러 오를 때
이건 뭐지 뭐지
다가오는 알 수 없는 막연莫然

몸은 기울어도
세상 모든 소리를 받들고
이제 경계는 세우지 말자
다짐하며

허리가 아주 무너지기 전에
한때는 거칠고 가끔은 잔잔한
시간의 파문波紋을 지켜보며
화살의 통증을 견디는 나이 예순

손녀 어록

어린 엄마와 여섯 살 딸이 누워서
아기 때 영상을 함께 보고 있다

이거 엄마 목소리야
응 그럼
왜 이렇게 부드러워 이모인 줄 알았어
지금 엄마 목소리는 안 그래
화내는 목소리지 그걸 몰라

어느 날 엄마가 외출을 준비하며
머리를 말리자고 딸을 부른다

왜 대답 안 해
지금 바지 입는 거 집중이야
뭐가 더 중요해
너는 왜 이렇게 엄마 말을 안 듣니
그럼 너는 왜 매일 화만 내고 있는데

육아의 무게는 몇 년 사이에
부드러움을 화난 목소리로 바꾸고
순간은 아이의 기억에 기록되고 있다

어머니는 이제 국수를 먹지 않는다

지금은 어머니는 국수를 먹지 않는다
여름 저녁마다 홍두깨로 칼국수를 밀거나
애호박을 썰어 뜨거운 국수를 끓였던 어머니

심지어 아침에도 밥상에 국수를 내놓고
뻘쭘하게 바라보는 자식들 앞에서
시범을 보이듯 뜨거움을 삼켰던 어머니

이웃집 밥 익는 냄새를 맡으며
풀풀 밀가루 날내를 투정하던 어린 것들에게
고만한 것에 대한 감사를 가르치던 어머니

엄마는 엄청 국수를 좋아하나 보다 생각했던
자식들의 무지를 비웃기라도 하는 듯
끔찍한 가난의 미망에서 도망치기나 하는 듯

더운데 시원한 국수나 한 그릇 하시죠 하면

악귀를 쫓듯 설레설레 고개를 흔들며

이제 다 큰 자식들의 국수를 절대 먹지 않는다

하품

수업 시간에 하품이나 하고 앉아 있는 것은
제가 한심한 하품下品이오라고 말하는 거라고
한때 아이들을 다그치며 다잡은 적이 있었다

진리는 마치 맹목성의 교과서에 있고
질서가 행복을 괴고 있는 것처럼 믿었던
철없는 어린 선생이었을 때의 일이었다

하품 한 번 할 순간에 인생이 다 지나고
하품을 견디고 그때 나보다 훨씬 어른이 된
아이들을 만나서 속없이 떠들다가

먼 산이 성큼 마을에 내려와 앉은
눈 내린 아침의 느닷없는 각성처럼
술잔 아래 가라앉는 말들을 보며 알았다

엊저녁 밤샌 알바의 눈꺼풀 무게에도
하루종일 의자에 매여 있던 것이
학교를 참아준 것이었음을

책상에 엎드려 자지 않고
졸린 눈 비벼가며 앉아 있던 것이
그나마 후한 선생 대접이었음을

쓰잘데없는 것들 떠들던 내 가벼움에 비해
가르치는 일이란
얼마나 무겁고 겁나는 일이었는지

이 아이들이 살아갈 세상을
어찌해야 하는지
제대로 한 번도 생각해 보지 않았다는 것을

마감

요구하는 조건에 어긋나지 않도록
숙제나, 밤을 쫓아 피 말리는 글쓰기의 끝
머리털을 쥐어뜯는 시간이 아니라

어쩌면 진짜 마감이란
어둠의 한쪽을 밀어내고 빛이 비치는 찰나
이승의 끈을 놓고 피안을 건너는 첫 시간이

아닐까 몰라 또는

삶이 정말 끔찍하고 힘들어서
이유 없이 견디고 살 필요가 없어서
풀어내던 삶의 이야기 제풀에 접으며
제 발로 어둠의 입구에 들어서는 것

피투성이 염세나 허망한 우울증에
낙하의 지점이나 바위 높이를 살피거나

거친 파도에 몸을 던져 고기밥이 되거나

아아, 투신의 속도로 날아가면
이 부끄러운 삶의 흔적을 모두 지워
무엇을 어떻게 얼마나 청산할 수 있을까

고속의 도로 또는 불 속에 던져 나를 사르면
얼마나 빨리 고요의 문에 다다를 수 있을까

멀고 아득한 생각에
애쓰고 힘들어 길고 깊은 시간

알 수 없어도, 오히려 알 수 없어서
죽음의 집행을 스스로 손 까부르는
검푸른 세계에는 언제 도달할 수 있는가

죽음에 대하여

죽음이란 얼마나 가벼운 일인가
어느 날 문득 와서 갑자기 떠나는 죽음은
아무것도 가져갈 것 없이
산 사람들에게는 무엇을 남기고 가는가

수없는 반복에도 몸으로 다가오지 않고
삶의 의미로 전수되지 않는 슬픔과
인간의 언어로는 설명할 수 없는 단절

수평선이 없는 것의 이름이되
말의 있음으로 마치 있는 것처럼 존재하는
손으로 만져 확인할 수 없는 부재의 개념

얼마나 많은 죽음을 떠나보내면
나의 죽음을 맞닥뜨릴 수 있을까
몸소 맞을 수 없고 보낼 수 없으나

남은 자들에게 상처를 남기는 죽음을 앞두고
나는 나뭇잎의 하강을 지켜볼 수 있을까

넘어가는 세계를 조용한 마음으로 응시하며
흔들리는 마음의 동요를 바라볼 수 있을까
영혼의 내면을 담담하게 살펴볼 수 있을까

이 세상 여행이 끝나는 날 제 살점을 던져
새의 먹이가 되어 주는 사람들이 있다지
나 또한 차가운 고원의 바람에 눈을 감고
새들이 날아오기를 기다린 적이 있었지

눈 내리는 지난 겨울날 바위에 앉아
배고픈 새는 사람을 볼 수 없어
아, 내 기꺼이 너희의 먹이가 되어야지
새들이 날아와 머리에 앉아 모자를 쪼고
몇몇은 손바닥을 펴려고 주먹을 쪼았지

이미 홀어미가 된 이모들이
이제 홀어미가 되는 다른 이모의 남편을
보내기 위해 모여 죽음을 농#하는 밤
물은 쉬지 않고 흐르나 사람만이 멈춘다는
가당찮은 진실 앞의 죽음에 대한 명상

파연 破緣

살아 있으면 살아만 있다면
한 번은 꼭 만날 수 있다고 하던데
살아 있는 것 뻔히 알면서
어디 사는지 뻔히 알면서
보기가 영영 어려운 사람이 있으니
굳이 피하려 하거나
기를 쓰고 보려는 것은 아니나
끊어진 걸음을
다시 잇기는 쉽지 않고
한 번 어긋난 인연을
다시 펠 수는 없는 일이니
가슴을 두드리면서
마음을 동동거려서
무엇하리오

면도

간밤의 꿈이 날이 밝고도 따라와
면벽의 아침 시간이 어지럽다

몸을 빛내는 눈은 왜 저리 탁한가
물음에 거울의 낯빛이 부옇다

난감한 손목이 떨리고
턱 밑의 흉터가 한칼 먹었다

찢어진 치즈 조각 같은 흔적
엉키는 생각에 다리가 꼬였던 기억

비워도 밤마다 부질없이 욕심은 쌓이고
잘라도 날마다 터럭은 까닭 없이 자라

밀어도 피부마냥 뿌리까지는 밀지 못하듯
지난날의 죄를 허물처럼 벗겨내지 못하고

손 모아 빌던 간절한 새벽의 기도처럼
거울 앞에서 마음의 한끝을 바라보고 있다

신호등 앞에서

출발하라고
이제 가야 하는 시간이라고 외치는데
발걸음은 쭈뼛쭈뼛 더디고

정지하라고
지금은 멈추어야 할 때라고 속삭이는데
제때 속도를 늦추지 못한다

젊어서는 자주 출발 신호를 놓치고
나이 들어 점차 정지선을 넘다가
늙어서는 신호를 읽지 못할 때가 있다

제대로 산다는 것이란
가고 멈출 때와 오르고 내릴 때를
날카롭게 알아차리는 일인데

오르는 일의 집념에 빠져

내려오는 길을 가볍게 여기거나

쉴 때와 내려올 때를 놓쳐

번번이 넘어지고 다치게 되니

마음을 놓치지 마라

신호등이 깜빡거리며 가르치고 있다

영원한 진심의 시, 언제까지라도 참 마음에서 시작하고 끝이 난다

이낭희(문학 교사)

경기도 휴전선 근방 임진강가, 경의선 철로, 그 언저리를 따라 지금으로부터 32년 전 초심을 붙들고 시작한 교사의 길. 그 길 위에서 변곡점이 있을 때마다 시절 인연처럼 반가이 응원해준 분을 시의 길에서 다시 만납니다.

참교육은 '구호가 아니라, 언제까지라도 참 마음에서 시작하고 끝이 난다'는 믿음이야 변함이 없지만, 교사의 길 없는 길 낯선 모퉁이에서 참 좋은 선배 교사로 전종호 시인을 뵈었습니다. 그 인연이 깊어, 삶이 있는 그대로 교육이 되는 진심을 배우게 한 교육 실천의 힘을 보여주는 교사로서 또 시인으로서 살아내고 있는 진심이 담긴 면면들이 시집 속에서 고스란히 전해지는지도 모를 일입니다.

이제 생전의 당신만큼
나이가 들어서야 알았습니다.
아버지!
그리도 그리던 고향 사리원
복사꽃밭보다야 못하겠지만
따뜻한 남녘 대둔산 산그늘
벚꽃 대궐에 누워
곧 보게 될 가을 꽃단풍을 기다리면서
여기서는
가벼운 풀씨가 되어도 좋겠습니다.
-'가벼운 풀씨가 되어도 좋겠습니다.'

  느리게 가는 버스를 타고, 꽃비 내리던 시절 어린 것들을 두고 홀로 가신 당신, 아버지를 불러내 고백하는 시인의 '가벼운 풀씨'에 담긴 애잔한 그리움이 번지는 어느덧, 인생의 오후입니다. 그러다 문득, '고매하게 살아 우아하게 가노라/능소화마저 다 지고도 홀로 남아 뜻을 꺾지 않았다' 배롱나무의 속내를 들여다보기도 하면서, 집집 모퉁이 끝자락 다랑논 벼꽃 내음 은은할 때까지 진분홍빛 갈망을 태우는 그 도도한 치열함을 바라보는 곁에서 장난기 어린 아이 겨드랑이 간지럼에 까르르 깔깔 웃음소리 들으며 내면에서 철철 넘쳐흐르는 타자를 감각하는 섬세함과 살가운 온기가 봄바람처럼 전해옵니다.

한 줄기 바람에 코가 꿰어 매롱
배롱나무
장난기 어린아이 겨드랑이 간지럼에
까르르 깔깔 배롱나무
　　　-'배롱나무',「가벼운 풀씨가 되어도 좋겠습니다」

　화산처럼, 후미진 어두운 골방에서 툭 터져버려 길 위로 흘러나온 진심의 언어라는 믿음, 한없이 길어진 중년의 그림자와 그림자를 따라가 안부를 물어줄 것이라 믿음 때문일까요. 그저 있는 그대로 시인의 발자국, 시인의 언어가 궁금해질 때가 있습니다.
　거칠고 투박한 질감 그대로, 반듯하게 서지 못한 부서진 모퉁이의 언어들의 안부 말입니다. 무거운 관념 덩어리에 몸을 가리지 않고, 봄 들판에 파릇한 풀무질을 잔뜩 하고선 어디에선가 불쑥 공처럼 튀어오를 것 같은 사소함을 붙들기 위해 시인의 등 뒤를 슬그머니 따라가 보고 싶어집니다. 궁극적으로 너는, 나는, 우리는 왜 꽃을 피우는 것일까요. 존재론적인 관점에서 다시 시는 무엇에도 구속되지 않은 본연의 시적 진실과 만나게 하는 내면의 자유를, 광막한 벌판을 허락합니다. 스스로 무너지고 부서지면서 타자를 지켜주는 힘은 결국, 눈에 보이는 현상으로서의 존재를 넘어서 본질적인 존재를 인식하게 하고 이내 서로를 지키고 붙들고 살리는 힘을 불러 대상을 끌어안아 함께 마주하며 일어서게 합니다.

> 세상의 모든 것들
> 틈에서 틈으로 나고 지지만
> 당신과 영원한 틈에서 살겠습니다
>
>   - '틈'

그러니 천하다 멸시하는 '개'자(字)를 머리에 이고 이름이 이렇다고 꽃이야 달라질 리가 없는

  쑥부쟁이나, 히말라야 구름길도 백두산 야생화밭도 등에 매달린 배낭 같았지만, 이제는 배낭을 더는 멜 수도 없이 떠나간 친구, 젊은이들의 카페로 변해버린 솜틀집 카페에 앉아 제 딸과 미국산 커피를 마시고 있는 딸을 바라보는 아비의 눈은 쓸쓸한 연민의 정으로 가득 차 있습니다. 타향살이 닳고 닳아져서 사라져가는 자꾸만 이름 없이 사라지는 존재들을 때로는 보듬어주며 울먹이고 때로는 고즈넉한 슬픔으로 안쓰러이 바라볼 뿐입니다.

> 아버지는
> 몇 가닥 뼈로 누워 있고
> 묵뫼의 설움도
> 함께 함에 담겼다

　　　　타향살이 슬픈 노래도 빨아져
　　　　그림자처럼
　　　　바닥에 가라앉아 있었다

　　　　　　　　　　　　　　　　-'이장'

　시간은 폐허의 흔적 속에 있는 것일까요? 시인의 발자국은 인적이 끊어진 곳에서 다시 살아납니다. 오대산에서, 동강에서 비를 피하면서, 절터만 남은 선림원터에서 골짜기에 홀로 남아 세상에 달랑 남겨진 석등을 바라보다, 수산의 산수를 거닐다, 원대리 자작나무숲에서 바람과 조우합니다. 오직 사라져 가는 것은 무디어져 감각하지 못하는 눈과 가슴일 터. 다시 시인의 발자국은 길을 따라 길에서 길로 이어지고, 길에서 만나는 낯선 인연들마다 설레는 첫사랑, 첫발자국입니다.

　　　　오대산에 가면 새벽 일찍 일어나
　　　　전나무숲길을 걸을 일이다
　　　　숲에서는 절대 키와 나이는 재지 말고
　　　　숲길을 지나는 바람 소리에 귀 기울일 일이다

　　　　　　　　　　　　　　　-'오대산에 가면'

　예정하지 않은 길에서 만나는 시절 인연은 그저 발길 닿는 대로 펼쳐지는 것이니, 인연이 닿는 곳에 마음이 닿고, 그대로 온전히 나를 맡기니 그 자체가 구원이 되어 발이 머무는 곳, 양평 물소리길 어디쯤 흑천黑川, 물을 따라 걷다가 격한 물소리를 만나고는 불현듯 내면의 그것이 복받쳐 본연의 나를 불러내고야 말지요. 발에 걸리고 멈추고 기대는 그 무엇이라도 서로를 일으키고 서로를 붙들어 시인의 시의 길을 따라 걷다가 함께 울고 함께 명랑해집니다.

      물소리가 숨겨온 치부를 쳤나 보다
      갑자기 울분이 홍수처럼 넘쳐 흘렀다
      부끄러움도 잊고 주저앉아 크게 울었다
      흑천은 이름과는 달리 맑고 명랑하였다
                         - '강물은 슬픔처럼'

  시인이 고백하는 하루, 누추한 일상은 한없이 위로가 되고 내리비추는 빛을 올려다보는 눈처럼 아무도 밟지 않은 눈길처럼 본연의 자리에서 다시 살아납니다. 세련된 언어로 치장하지 않은 진심의 언어를 들고 펄펄 흰 눈이 오면 눈이 오는 대로 비가 오면 비가 오는 대로 길 위에서 만나는 이들의 안부를 물으며 신년 서설처럼 다가와 독자의 삶을 붙들게 하는 시의 힘을 마주하게 합니다.

      아이들 뱃속 뜨거운 밥이 되고 싶었던

염원을 공양으로 올린 채

적당히 간 밴 고등어 누운부처님臥佛 앞에서

세상 번잡함을 물리고 삼매에 들었다

- '자반 고등어 한 손'

몸이 쏠리듯 생각은 한쪽으로 기울어

생각의 편향을 바로잡기 위해서는

하루에 한 번 정반대의 생각을 따라가

논리 밑에 깔린 대적의 감정을 벗해야 한다

생각이 유탄처럼 날아가거나

죽창이 되어 돌아오기 전에

반대 논리의 분노로 나를 누르고

익숙한 노여움을 안에서 다스려야 한다

- '멈추어야 할 때'

  시인이 독자에게 보내는 위로의 서신들이 오래도록 닫힌 창과 창을 넘어서고 닫힌 문과 문을 열어 벽이 문이 되고 문이 길이 되고 길이 길로 이어지게 하는 넉넉한 품으로 뚜벅뚜벅 걸어가는 시의 길을 오래도록 지켜보고 싶습니다.

(화수고등학교 교감)